LETTRE

DE L'AUTEUR

DES REFLEXIONS

SUR LA PEINTURE,

ET

DE L'EXAMEN DES OUVRAGES

Exposés au Louvre en 1746.

LETTRE

De l'Auteur des REFLEXIONS sur la Peinture, & de l'examen des Ouvrages exposés au Louvre en 1746.

A MONSIEUR ***.

JE ne saurois trop vous marquer ma reconnoissance, Monsieur, de l'attention que vous avez eue, de m'apprendre que mon Ouvrage avoit indisposé quelques uns de ceux dont j'ai parlé, & donné lieu à des critiques que vous avez la bonté de me communiquer. Cette preuve d'amitié de votre part, m'oblige beaucoup, & je vais tâcher de répondre exactement aux principales.

A

J'ai déclaré dès le commencement, & je le déclare encore aujourd'hui, que je n'ai jamais conçu le deſſein odieux de bleſſer qui que ce ſoit, ni même de le déſobliger le plus légérement. Je ſçai toute l'injuſtice qu'il y auroit de refuſer des louanges à des Ouvrages expoſés en public, dès que l'on eſt perſuadé qu'elles leurs ſont dûes, ou même d'en vouloir extenuer le merite, par une critique qui ne ſeroit pas dans l'exacte équité. Vous me connoiſſez aſſez pour ſentir l'oppoſition de cette idée à mon caractère. Ainſi je n'ai point à me juſtifier à cet égard. Mais j'étois bien éloigné de penſer que la répréhenſion la plus ménagée, fût chez la plûpart des hommes une offenſe réelle. Je vois à préſent combien le nombre eſt petit de ces ames fortes & aſſez élevées, pour ſentir la néceſſité d'une ſage critique, afin d'arriver à la perfection. Les grands génies ſont ſeuls capables de l'aimer, de là rechercher, d'en connoître le prix, & d'avouer lui devoir ces traits de lumiére qui les portent rapidement à la supério-rité. Les esprits d'une moindre éten-due, & qui composent la multitude, aveuglés la plûpart par l'intérêt, & par l'amour propre qui les rend éternel-lement satisfaits de leurs productions, négligent une gloire qui leur coûteroit du tems & des travaux. Ils évitent ceux qui voudroient les éclairer sur leurs im-perfections, & leur refuser les éloges dont les flateurs les corrompent, ou que les ignorans leurs prodiguent de bonne foi.

Vous me dites ensuite qu'une Criti-que imprimée doit être irrépréhensible, & vous ajoûtez que plusieurs personnes ayant trouvé dans la mienne de la vérité, avec de la justesse & de la force dans les expressions, ont en même tems remarqué beaucoup de fautes dans le grammatical de la diction, & quelques constructions

obſcures. J'avouë avec ſincerité mes né-
gligences à cet égard , quoiqu'elles
ſemblent pardonnables à un particulier
qui n'eſt nullement Auteur de profeſſion , & n'a point envie de le deve-
nir. La lumière de l'impreſſion me les
a fait appercevoir, lorſqu'il n'etoit plus
tems de les corriger. A mes propres fautes, l'imprimeur a encore ajouté les ſien-
nes. Des mots entiers oubliés, tranſpoſés,
des corrections très-eſſentielles omiſes ;
inconvéniens inévitables dans les Ouvrages imprimés chez l'Etranger , & loin des
yeux de l'Auteur. Vous voulez cependant m'encourager en m'aſſûrant que l'on
ne retireroit aucune utilité de la Critique, ſi l'on préféroit au fonds des choſes,
& à l'avantage de l'inſtruction , l'analiſe
ſcholaſtique des régles de la Sintaxe. Les
Critiques, dites - vous, qui ne tombent
que ſur les mots , & l'arrangement des
périodes, ſont ordinairement aſſez frivo-

lés, & meritent peu d'attention. Ce n'est
pas tout-à-fait mon sentiment, & je crois
que les pensées les plus justes présentées
au lecteur d'une façon ambigue, obscu-
re , ou peu correcte, ne sçauroient plaire
en aucun genre d'écrits, & surtout dans
celui de la Critique.

Je m'étois en quelque sorte attendu à
ce dernier reproche de la part du Public,
& il ne m'a point surpris. Mais je vous
avouerai l'avoir beaucoup été à la lectu-
re du Paradoxe que l'on s'est efforcé d'é-
tablir, *Qu'il est absolument nécessaire de
professer un Art pour en parler avec justesse, & oser en remarquer les défauts.* Cette maxime m'a paru fort étrange, & a
trouvé peu de partisans. Et quels au-
roient été nos Historiens, nos Orateurs,
nos Poëtes, nos Musiciens, nos Academiciens mêmes les plus célèbres, si leurs
Confreres avoient eu seuls le droit d'exa-
miner leurs Ouvrages, & d'en juger ?

Auroient-ils trouvé des cenſeurs de bonne foi & des conſeils déſintéreſſés dans leurs concurrens ? Rivaux pour la plûpart, & ambitieux de la primauté ; l'envie, la complaiſance, les égards, la politique, & mille intérêts perſonnels, euſſent fait taire leur cenſure, & voiler leurs défauts, ou même leur donner des éloges. Ce n'eſt donc que dans la bouche de ces hommes fermes & équitables qui compoſent le Public, & qui ne tiennent aux Auteurs, ni par le ſang, ni par l'amitié, ni par la profeſſion, que l'on peut trouver le langage de la vérité. L'opinion que je combats eſt d'autant plus ſingulièrement étonnante, que ceux qui en ſont les inventeurs la condamnent eux-mêmes, en expoſant toutes les années leurs Ouvrages aux jugemens du Public ; expoſition qui ne ſeroit plus qu'un vain ſpectacle pour amuſer ſa curioſité & braver ſa critique uniquement reſervée aux gens de l'Art, & à leurs infaillibles Confreres. Je ne m'arrêterai pas davantage à réfuter férieusement une opinion aussi nouvelle que dangereuse, & je penserai toujours que rien ne sçauroit être plus utile & plus important aux Arts comme aux Lettres, que les décisions du Public, lorsqu'elles pourront arriver jusqu'aux Auteurs, sans passer par l'organe perfide des adulateurs, ou par celui des admirateurs ignorans. J'y joins encore celui des personnes passionnées & incapables de ménagemens. Ce font ces égards, dont un galant homme ne sauroit se dispenser dans la Société, qui ne m'ont pas permis de rapporter les sentimens de ce Public tels à beaucoup près qu'il les a prononcés ; j'ai eu une attention sévére à émousser, non-feulement le piquant de sa Critique, mais encore à affoiblir la sincerité désobligeante de ses jugemens. Sans cette précaution j'aurois trop hu-

milié l'amour propre de nos Artiſtes qui
s'eſtiment parfaits. Et quelle révolte
n'eût pas cauſé cette imprudence, puiſ-
que malgré tous les adouciſſemens que
je me ſuis efforcé d'employer, je n'ai pas
laiſſé d'en mécontenter quelques uns, en
rapportant les jugemens du Public ſur
leurs Tableaux alors expoſés au Salon?
J'avoue que j'aurois pû parler en même
tems de leurs Ouvrages d'un bon ton de
couleur, qui ſe voyent ailleurs, & qui décorent pluſieurs Egliſes, & font l'orne-
ment des Maiſons Royales & de nos
beaux Hôtels. Tels ſont ceux des Sieurs
Boucher & Nattoire à l'Hôtel de Sou-
biſe, & chez Mr. Orry, Peintres eſti-
més, à qui la Nation eſt redevable, &
ſur tout au Sieur Boucher, du haut de-
gré de perfection auquel ils ont porté,
conjointement avec le ſavant Oudri, la
Manufacture Royale de Beauvais auſſi
renommée aujourd'hui chez l'Étranger

que dans le Royaume. Des Talens auſſi
utiles leur ont acquis à juſte titre, la réputation dont ils jouiſſent. Cette réputation étant un bien réel qui leur appar-
tient, d'autant plus précieux, qu'outre la
diſtinction flateuſe du rang, elle ne peut
qu'être avantageuſe à leur fortune; rien
ne ſeroit plus contraire à l'équité & au
devoir de bon Citoyen, non-ſeulement
de vouloir les en priver, ſi la choſe étoit
poſſible, mais même d'y vouloir donner
la plus légere atteinte.

Je paſſe pluſieurs endroits de votre
Lettre, pour venir à l'article du Portail de
Saint Sulpice. Vous convenez qu'il n'a
point eu le ſuffrage du Public, ni celui
des Connoiſſeurs, moins encore celui de
nos judicieux Architectes; ſoit par l'aſ-
ſemblage de cette multitude de colomnes,
dont la diſtribution n'eſt point heureuſe,
ſoit par l'ordonnance & la compoſition du
total, qui n'eſt convenable ni au lieu, ni

au refte de l'Edifice, foit enfin par beaucoup d'autres défauts, dont l'énumération.
feroit trop longue. Vous ajoûtez enfuite,
qu'il fembleroit par la façon dont j'en ai
parlé, que l'Auteur de ce Portail feroit
encore coupable du mauvais goût qui re-
gne dans l'intérieur de l'Eglife. Je fai,
Mr. qu'il n'y a point eu de part, la
Tribune exceptée; mais ayant été vivement frappé de l'injure faite à nos Architectes François Academiciens, par la
préférence d'un Etranger qui ne leur eft.
nullement fupérieur dans la fcience de la
bonne Architecture, pour un ouvrage
auffi important & d'une dépenfe immenfe & incroyable; j'avoue que je puis avoir
été trop loin, & même injufte dans la
qualification que je lui ai donnée. Quoi-
que je fois tombé d'accord avec tout le
monde de fa grande capacité & de la fé-
condité de fon génie dans la partie de la
décoration & de la mécanique qui en dé-

dépend, soit pour le Théâtre, soit pour
la magnificence des Fêtes publiques. Je
pourrois même encore ajouter à ce ta-
lent, celui des Tableaux d'Architecture
pour les Cabinets, y ayant dans les siens
des effets pittoresques savans & assez
heureux. Mais permettez-moi de vous
faire remarquer en passant, qu'il est très-
rare, que même les meilleurs Peintres
d'Architecture soient de bons Architectes; je pourrois même avancer que c'est
une chose presque impossible aux grands
Décorateurs, & en voici la raison. Ac-
coutumés à prodiguer les embellissemens
nécessaires à l'illusion du Spectacle, & à
l'éclat des Décorations qui les obligent
de multiplier les parties qui en font la ri-
chesse & la somptuosité, ils sacrifient toujours aux saillies de leur imagination &
aux écarts si chers aux Ultramontains,
cette sage simplicité, qui fait seule la
grandeur & la noblesse de l'Architec-

ture. Ils ne fauroient eſtimer ni pra-
pratiquer cette ſavante économie des
beautés , dont les Manſart , les de Broſſe ,
les Perrault , les le Vau , &c. ont été ſi
avares. Economie qui a fait la célébrité
de leurs Edifices élevés ſous Louis XIV,
& ſupérieurs à tous ceux de leurs con-
temporains dans l'Europe , & principalement dans la ſuperbe façade du nouveau
Louvre ; Ouvrage d'une perfection ſi ſu-
blime , & dont l'aſpect eſt ſi frappant par
ſa majeſté & ſa magnificence , qu'il con-
ſerve encore la primauté en ce genre ,
ſur tous ceux de l'Univers.

C'eſt à l'occaſion du Portail de Saint
Sulpice que vous me parlez de celui de
Saint Gervais , & des regrets du Public
que j'ai expoſés ſur ce qui lui en dérobe
l'admiration. Je ne rétracterai point ce
que j'ai dit de la conduite de notre Nation ſi directement oppoſée au but de nos
établiſſemens Academiques. Mais j'a-

vouerai avoir été trompé dans le rapport
du fait cité à ce sujet dans mon Ouvrage.
Il m'avoit été rendu très-infidellement,
& d'une façon directement opposée à la
vérité. Mr. *** employa tous fes foins
& fon autorité, pour rendre au Public la
vûë d'un Monument dont il connoiffoit
tout le prix. Il fit faire alors des Plans
d'un très-bon goût, pour une Place convenable à la beauté & à l'afpect de cet
Edifice, & on les voit encore chez lui.
Mais toute l'activité & l'éloquence de fon
zéle, auquel on ne faurbit donner trop
d'éloges, ne purent perfuader les pro-
priétaires de ces vieilles maifons qui ap-
partiennent à des Hôpitaux & à des
Communautés de les vendre pour les
abattre, & il eut la douleur fenfible de
voir échoüer un projet auffi utile.

Je devois cette réparation à ce digne
Magiftrat, & c'eft principalement ce qui
m'a engagé à publier cette Lettre. Quand

même j'euffe été affez injufte pour garder
le filence à ce fujet, le Public l'auroit-il
jamais foupçonné d'avoir pû venger la
Nation des reproches honteux qu'on nous
fait à cet égard, & de l'avoir négligé ?
Quel Magiftrat a mieux merité le titre
éminent d'excellent Citoyen, que tous
les cœurs des François lui ont donné avec
acclamation ? Quelle Prévôté fera jamais
plus mémorable que la fienne, foit par
fon exacte intégrité, foit par la décence
& par le goût noble & magnifique qu'il
a mis dans toutes les Fêtes qui ont été
données de fon tems; foit enfin par la
multitude des embelliffemens dont il a
décoré la Capitale, & les commodités
qu'il a procurées aux Habitans ? Quand
toutes les plumes feroient muettes à fon
égard, la voix du Peuple gravée fur tant
de Marbres & de Bronzes, publiera éter-
nellement les bienfaits du Magiftrat, &
la reconnoiffance des Citoyens.

Je viens à la fin de votre Lettre, &
au dernier reproche qui m'a été fait,
d'avoir gardé l'Incognito. L'on s'est efforcé, dites-vous, de jetter un caractére
odieux fur toute Critique anonime. La
fingularité de ce reproche ne m'a pas
moins étonné que celle du Paradoxe que
j'ai combattu ci-deffus. Non-feulement
je ne me crois pas coupable de ne m'ê-
tre point nommé, mais je penfe encore
avec un de nos plus grands Ecrivains,
qu'il n'eft jamais permis à qui que ce foit
de le faire, quelque modefte & quelque
équitable que foit fa Critique. N'eft-ce
pas défier le Public, & lui dire hardi-
ment que l'on ne craint point la cenfure
des décifions que l'on publie, dès que
l'on ofe fe montrer à vifage découvert?
Et d'ailleurs, quelle autorité auroit pû
donner à ma Critique le nom d'un in-
connu? Si mes remarques fur les défauts
des Ouvrages expofés font vraïes, qu'im-

porte de quelle part vienne la vérité à ceux qui la défirent? Si elles font fauffes, elles ne meritent que du mépris, venant furtout d'un Anonime. En me nommant, n'aurois-je pas affiché l'envie de tirer de la vanité & de la réputation de ma Critique; & j'ai déclaré dans mes Réfléxions que je renonçois entiérement à cette frivole gloire, en expofant en peu de mots les motifs qui m'ont déterminé à les écrire, & que je vais vous dire ici un peu plus au long.

La paffion née avec moi pour les beaux Arts; l'étude finguliére & approfondie de ce qui conftitue leurs vraies beautés, que j'ai faite dans toute l'étendue du Royaume, & pendant mon féjour en Flandre, & en Hollande, où j'ai admiré avec délices les Chefs-d'œuvre dans tous les genres des plus grands Maîtres d'Italie, & de tous les Pays. Un fentiment voluptueux & profond, des expreffions

savantes de cet Art divin, dont le but
est d'élever l'ame du spectateur, de la
remuer, & tout au moins d'exciter l'admiration, quand il ne peut instruire. Enfin un intérêt très-vif pour ses progrès
parmi nous : mais par-dessus tout, le zèle
ardent & courageux d'un Citoyen, pour
exposer les abus qui déshonorent sa Nation, & contribuer à sa gloire, en propo-
sant les moyens les plus prompts & les
plus faciles d'y remédier. Voilà les seu-
les raisons qui m'ont mis la plume à la
main, & m'ont attiré les applaudissemens
les plus flateurs pour un bon François.

Vous m'exhortez en finissant, & vous
me pressez vivement de donner une nouvelle édition de ce petit Ecrit extrême-
ment correcte, avec des Remarques sur
les Ouvrages nouvellement exposés au
Louvre. Vous me dites, pour m'y en-
gager, que j'aurois cette année-ci un
vaste champ pour la Critique, surtout dans

le genre de l'Hiftoire. Voilà préciſé-
ment, Mr. ce qui m'oblige d'y renon-
cer. Vous êtes encore bien éloigné de
me connoître, ſi vous ignorez ma diſ-
poſition naturelle à louer, & mon anti-
pathie à blâmer, & à publier ce qui
peut faire tort à l'honneur de la Nation
dans les Ouvrages de notre Ecole. Je
ne puis aſſez montrer ma joye & ma
ſatisfaction en voyant les vraïes beautés
de nos Peintres François ; j'aime à les
faire ſentir, à les détailler, & même à les
exagerer aux Spectateurs. Mais je vous
avoue en même tems les ſentimens de
douleur que m'a cauſé cette année-ci le
déclin de nos Peintres d'Hiftoire, à l'expoſition des Tableaux pour S. M. Douleur qui a été vivement augmentée par
les plaintes du Public, tant de la ſtérilité,
& du défaut de génie dans le choix des
Sujets, que de la froideur & de la médiocrité dans l'exécution. On convient ce-

pendant qu'il y en a quelques uns à excep-
ter & où il y a de vraïes beautés : mais
que leur nombre eft petit ! Ce qui a furtout excité les regrets les plus unanimes,
ç'a été le progrès rétrograde de ceux mêmes, dont les Ouvrages nous avoient
comblés de joïe l'année derniére, par les
efpérances d'une prochaine perfection.
Eft-ce le défaut de Mécènes & de Protecteurs ? Eh que pouvoit faire de plus avan-
tageux à la Peinture, la Perfonne à qui S.
M. a confié le foin du foutien & de l'avan-
cement des beaux Arts, que d'encourager nos Peintres d'Hiftoire par des récompenfes ! Seroit-ce dans celui que le Roi
a nommé fon premier Peintre, un man-
quement de zèle & d'ardeur pour exciter, & pour perfectionner les talens de
fes Confreres ? Encore moins, puifque
l'on ne fauroit s'en acquitter avec plus
d'activité & d'intelligence. Quelle eft
donc la fource de la langueur & de la

léthargie préfente de notre Ecole ? fi ce
n'eft l'amour propre de ceux qui la com-
pofent, dont la plûpart adorateurs de
leurs productions, & n'imaginant rien qui
leur puiffe être fupérieur, dédaignent
d'expofer leurs idées, & d'approfondir
jufques au vif de la vérité, les fentimens
de ces perfonnes éclairées & févéres, &
de celles dont la juftefse & l'élévation du
Génie, eft feule capable de les ramener
au bon goût, de leur ouvrir de nouvelles
routes, d'échauffer leur ame & leurs com-
pofitions muettes & inanimées par des
traits d'éloquence & de vie. Ceux qui ont
été choifis cette année pour travailler
aux Tableaux du Roi, méritent cependant quelque indulgence, n'ayant pas eu,
à ce qu'ils difent, tout le tems néceffaire
pour imaginer de grands Sujets, ni por-
ter leurs Ouvrages à une certaine perfection. L'on fait que le Peintre inventeur
& original eft autant que le grand Poëte,

susceptible de ce beau feu, de cet en-
thousiasme, auquel on ne commande
point, & dont il faut attendre l'inspira-
tion. Mais n'auroient-ils pas eu assez de
loisir pour chercher des traits d'Histoire
ou de la Fable plus intéressans & moins
usés, ou qui n'eussent pas été traités divi-
nement par nos plus grands Maîtres ?
C'est en ce cas qu'un Peintre estimé, en
répétant & en affoiblissant nécessaire-
ment par là répétition une pensée excel-
lemment rendue, & au-dessus de laquelle il ne sauroit s'élever, tombe en ce mo-
ment dans le rang abject du Plagiaire,
& au-dessous de son merite personnel,
par la comparaison. D'autant plus impru-
dent de lutter avec des Peintres du premier ordre, qu'il sentira moins l'inégali-
té de force dans le génie, & qu'il lui
manquera cette impression naturelle du
grand beau, & de ce pathétique qui
frape & qui émeut par les mouvemens &

les pofitions éloquentes de fes Figures.
Son pinceau n'aura pas même la faculté
de former ces phifionomies de caractére,
qui donnent la vie aux Perfonnages, &
les font parler à nos regards par leur no-
bleffe, leur décence, & ce qui eft bien
effentiel, par le jeu des traits du vifage
rélatif à leur rolle, & convenable à leur
place. Enfin par cette expreffion d'ame
& de fentiment qui doit fuppléer à la pa-
role, & fans laquelle tout Tableau d'Hiftoire n'eft que de la toile & des couleurs.

　　Un coup d'œil jetté fur les Ouvrages
admirables qui décorent cette belle Gallerie où font expofés les nouveaux Tableaux, & où l'immortel le Brun a dé-
ployé l'étendue immenfe de fon génie,
inftruira plus en un inftant fur la richeffe
de l'Ordonnance & la fublime vérité de
l'expreffion, que l'ennui d'un plus long
difcours. Qu'il me foit permis au fujet des
chefs-d'œuvre de Peinture que l'on ad-
mire

mire dans cette Gallerie, de publier les gémiſſemens & les allarmes de tout Paris ſur leur prochain dépériſſement, par la honteuſe négligence à laquelle ſont abandonnées ces célébres Batailles d'Alexandre qui ont porté par le ſecours des Eſtampes dans tout l'Univers, la gloire de leur Auteur & de la Nation, & la perfection de notre École dans ſes plus beaux jours.

Je n'ai garde d'entrer, ainſi que je vous l'ai promis, dans aucun examen particulier des beautés ni des défauts d'un ſeul des Tableaux expoſés. Je m'en tiendrai exactement à ce que je viens de vous en dire.

Après m'avoir exhorté dans votre Lettre à continuer ma Critique par l'abondance de la matiére, vous faites un dernier effort pour me vaincre par les ſentimens de reconnoiſſance que je dois, dites-vous, au Public de l'accueil qu'il a

B

fait à mon Ouvrage. J'aurai l'honneur de
vous répondre, que quelque agréable
que m'ait été cet accueil, je crois le devoir bien moins à la valeur de l'Écrit,
qu'à fon goût pour tout ouvrage de Critique. J'aurois cependant à me féliciter
du fuffrage honorable qu'il a obtenu de
quelques perfonnes d'un grand nom &
du premier ordre ; & particuliérement
d'un Magiftrat dans une place élevée,
chez qui l'amour & la connoiffance des
beaux Arts femblent égaler le zèle ardent pour le bonheur de fa Patrie qui
fait toute fon ambition, & l'objet de fes
travaux. Je pourrois encore parler de la
fatisfaction très-flateufe que m'ont donné les témoignages de reconnoiffance de
quelques Artiftes, qui non-feulement ont
foufcrit à ma Critique, mais qui ont encore eu le courage d'en profiter en cor-
rigeant leurs défauts. Cependant j'avouerai avec franchife, que toutes ces fatis-

factions n'ont pû balancer la peine que
m'ont fait les mécontentemens de quelques personnes. Je ne puis donc me rendre à vos sollicitations de travailler à
l'examen des Ouvrages nouvellement
exposés, & auquel un nombre infini de
personnes m'ont invité. Quelque utilité
que je m'y propose, les moyens en sont
trop pénibles à un homme vrai, & les
succès presque toujours douteux. Peu
idolâtre de l'encens du Public, dont j'ai
pesé il y a long-tems la fumée, je suis aujourd'hui plus convaincu que jamais de
l'erreur de ceux qui dans un état privé &
sans nécessité, sacrifient au zèle pour la
Patrie, & au vain nom d'homme d'es-
prit & de goût, les deux seuls biens dignes à mon gré de leur ambition, la tranquillité, & l'indépendance. Trésors précieux & divins! mais dont les hommes
ignorent le prix. Je dis la tranquillité,
parce qu'il n'est plus de repos pour un

Écrivain qui efpére follement fatisfaire le Public, en répondant à fes Critiques. Si j'ajoute l'indépendance, c'eft que tout Auteur porte les fers de la bizarrerie de ce Public & de fa malignité. Je viens de l'éprouver à l'occafion de ce petit Ouvrage, où l'on s'eft efforcé de traveftir en contre-vérités, & de donner un fens ironique & malin aux éloges les plus fincéres d'une perfonne en place, & de qui les beaux Arts ont à fe féliciter de la protection & des récompenfes. Comment pourrois-je donc préférer ces dégoûts & cet efclavage, à la douceur d'une heureufe obfcurité, où imperceptible aux hommes méchans & hors de la portée de leurs traits, je n'interromps mon loifir que par une attention agréable à cultiver l'eftime, & à joüir de l'amitié d'un petit nombre de Perfonnes que j'ai éprouvées dignes de la mienne ? Là, content du titre de Philofophe ignoré & qu'on

ſe lit point, je ſens que ce peu d'amis
que l'on connoît, valent cent admirateurs que l'on ignore. D'ailleurs, quand
j'aurois le bonheur de plaire à tous les
eſprits, ce qui eſt impoſſible, ce ne ſeroit point impunément. L'envie eſt toujours à côté du ſuccès, & s'il eſt un
plaiſir, il coûte trop cher aux bons
cœurs, dès qu'il leur attire le plus petit ennemi, malgré l'intention la plus
louable. C'eſt ce dont vous avez eu la
bonté de m'avertir, Mr. au ſujet de mon
Ouvrage. Je ne m'étois point flatté d'ê-
tre infaillible, & j'avoue de bonne foi,
que je puis m'être trompé dans mes Remarques ; mais j'avoue en même tems
être prêt à me rétracter dès que l'on
m'aura convaincu d'erreur. Eh quel homme en eſt exemt, puiſqu'elle eſt ſon par-
tage ! En attendant cette grace du Public, je goûte dès - à - préſent dans cet
aveu de mes fautes, la ſatisfaction la plus

chere, & la plus fenfible à tout Homme qui aime la vérité, & qui cherche de tout fon cœur à la connoître.

Aberrare à Vero humanum eft , fateri divinum.

Juft. Lipf.

Je fuis, MONSIEUR, &c.

Fautes à corriger dans les REFLE-
XIONS sur la Peinture. &c.

PAGE 7, lig. 6. nouvel intérêt. Un Auteur, lisez à la ligne, *Un Auteur.*

Page 10, lig. première, ont su y voir, lisez
ont su le voir.

Même page, lig. 7. Quelle source abondante, lisez *plus abondante.*

Page 17, lig. 11. s'est réfugiée, lisez, *s'é-
toit réfugiée.*

Page 24, lig. 20. ont encore ajoutée, lisez
ajouté. Ibid. a séduite, lisez *a séduit.* Ibid. lig.
25. imaginée, lisez *imaginé.*

Page 29, lig. 11. ces magnifiques protecteurs, lisez, *ces affables protecteurs.* Ibid. lig.
16, &c.

Page 29, lig. 16. Blondel, de Gagny, lisez
Blondel de Gagny. Ibid. lig. 17. de la Boissiere,
lisez *de la Boëxiere.*

Page 32, lig. 19. en Bassin, plus pour l'utilité, lisez *en Bassin, autant pour l'utilité.* Ibid.
lig. 17. de sa Cour où, lisez *de sa Cour, où.*

Page 43, lig. 9. toute la finesse de ce savant
Ciseau, lisez *toute la finesse de l'imitation de la
nature.*

Page 49, lig. 10. n'ont pas trouvée, lisez,
n'ont pas trouvé.

Page 53, lig. 19. ont arrêtés les regards,
lisez, *ont arrêté les regards.*

Page 75, lig. 20. le Brun, Poussin, & Mignard, lisez, *Poussin, Mignard, &c.*

Fautes à corriger.

Page 78 , lig. 14. leurs ouvrages font , lifez ,
leurs ouvrages font.

Page 80 , lig. 16. ont arrêtés , lifez , *ont ar-*
rêté.

Page 85 , lig. derniére , Parmenion , lifez ,
Epheftion. Même faute , page fuivante , lig. 4.

Page 94 , lig. 14. frapées , lifez , *frapés.*

Page 95 , lig. 2. trouvées , lifez , *trouvé.*

Page 100 , lig. 12. ont charmés , lifez , *ont*
charmé.

Page 112 , lig. 19. ridicule par intérêt , ou
par , lifez , *ridicule , par intérêt ou par adulation.*

Page 114 , lig. 4. on eût jointe , lifez , *on eût*
joint.

Page 115 , lig. 6. il y a placées , lifez , *il ya*
placé.

Page 121 , lig. 5. & 6. Mignature , lifez , *en*
Miniature.

Page 126 , lig. 9. Sculpture n'a donc , lifez ,
La Sculpture n'a donc.

Page 127 , lig. 7. élégans dans le goût , lifez , *élégans , dans le goût*

Page 130 , lig. 8. de l'Albanc , lifez , *de l'Al-*
bane.

Page 134 , lig. 5. le fommet d'un angle , lifez , *d'un triangle.*

Page 136 , lig. 12. de nos établiffemens !
Pourroient-ils , lifez , *de nos établiffemens !*
Que pourroient-ils penfer d'une Nation , &c

Page 138 , lig. 12. des le Mere , lifez , *des la*
Mere.

Page 140 , lig. 4. l'excellence & la médiocrité , lifez , *ou la médiocrité.*

Fautes à corriger.

Page 144, lig. 4. forme toute sa physionomie, lisez, *forme sa physionomie.*

Même page lig. 12. Tableau de bout, lisez,
Tableau debout.

Page 153 & 154, lig. première, exposition
avec, lisez, *exposition, avec autant,* &c,

www.ingramcontent.com/pod-product-compliance
Lightning Source LLC
Chambersburg PA
CBHW030117230526
45469CB00005B/1684